अन्वेषा

मैं, तुम और भीतर का अनकहा संवाद

श्वेता केलकर

BookLeaf Publishing
India | USA | UK

Made with ❤ on the BookLeaf Publishing Platform
www.bookleafpub.in
www.bookleafpub.com

Dedication

राहुल को,
जिसकी स्मृति अब मेरे भीतर एक शांत प्रकाश की तरह जलती रहती है, और जिसकी अनुपस्थिति मेरी हर कविता की पहली धड़कन बन चुकी है।

उस आत्मा को,
जो देह से दूर चली गई, पर मेरे शब्दों के बीच आज भी उसी ऊष्मा के साथ साँस लेती है।

उस प्रेम को,
जो विछोह में भी विरह बनकर नहीं टूटा, बल्कि मेरी चेतना का सबसे उजला दीपक बन गया।

मेरे माता पिता को,
जिन्होंने हर अँधेरे में मेरा हाथ थामे रखा। बिना प्रश्न पूछे मेरे विश्वास को संभाला और मुझे बार बार गिरकर भी आगे बढ़ते रहने का साहस दिया।

मेरे शिव और माँ शक्ति को,
और अपने **सद्गुरु को**, जिन्होंने मुझे उन तक पहुँचने का मार्ग दिखाया और हर अँधेरे में भी भीतर की ज्योति को पहचानना सिखाया।

और ईश्वेद को,
जिसकी मुस्कान में मुझे तुम्हारी प्रतिपल झलक मिलती है, जो

अनजाने ही मुझे हर दिन जीवन को फिर से स्वीकार करने की शक्ति देता है।

और अंततः उस अभिन्न "हम" को,
जो अब दो किनारों में बँटा हुआ है, फिर भी हर श्वास में, हर स्मृति में और हर प्रेम में एक ही बना हुआ है।

Preface

"अन्वेषा" 21 कविताओं में फैली एक भीतरी यात्रा है। यह केवल भावों का संग्रह नहीं, बल्कि आत्मा की उन अवस्थाओं का क्रम है जिन्हें तीन खंडों में अनुभव किया जा सकता है।
पहला खंड विरह के सात पड़ावों से आरंभ होता है। यह वही भूमि है जहाँ मन अपने सभी आवरणों से मुक्त हो जाता है। स्तब्धता, अस्वीकार, पुकार, संवाद, स्मृति, समर्पण और प्रवाह के इन चरणों से गुजरते हुए पाठक उस आंतरिक टूटन को महसूस करता है जहाँ प्रेम पहली बार अनुपस्थिति में बोलना शुरू करता है।

दूसरा खंड समय की लय को स्पर्श करता है। सुबह की पहली रोशनी से लेकर भोर की क्षमा तक, यह भाग दिखाता है कि कैसे समय, प्रकृति और भावनाएँ मिलकर उपचार की एक शात भूमि रचते हैं। इसी क्रम में जीवन धीरे धीरे फिर से भीतर बहने लगता है और ठहराव के बीच भी एक नई गति जन्म लेती है।

तीसरा खंड भीतर की उस यात्रा की ओर ले जाता है जहाँ प्रेम स्मृति से आगे बढ़कर अर्थ बन जाता है। यहाँ खोज, प्रवाह, मौन, प्रतिध्वनि, अनकहे भाव, उन्मेष और अंततः अभय के अनुभव के माध्यम से आत्मस्वीकृति जन्म लेती है। यह वह स्थान है जहाँ पीड़ा विरोध नहीं करती, बल्कि रूपांतरित होकर शांति में बदलने लगती है।
इन तीनों खंडों में फैली यह यात्रा दुःख के अंत की कहानी नहीं है। यह दुःख के साथ जीना सीख लेने की प्रक्रिया है। यहाँ प्रेम टूटता नहीं, वह अपने एक नए, अधिक गहरे और शांत रूप में परिवर्तित हो जाता है।

कविता कभी लिखी नहीं जाती। वह भीतर कहीं बहुत शांत, बहुत धीरे जन्म लेती है और एक दिन अपनी ही लय में शब्द बनकर पन्नों पर उतर आती है। *अन्वेषा* भी ऐसी ही एक रचना है, जो लिखी नहीं गई, बल्कि समय के साथ भीतर से उभरी है।

यह पुस्तक उस संवाद की देन है जो मेरे और राहुल के बीच अब शब्दों में नहीं होता। वह संवाद स्मृतियों में, साँसों के बीच और मौन की गहराइयों में घटित होता है। राहुल अब देह में नहीं है, फिर भी उसकी उपस्थिति मेरी हर कविता से पहले ठहर जाती है। जैसे कोई बहुत अपना चुपचाप पास खड़ा हो और धीमे से कहे, *"लिखो, मैं यहीं हूँ।"*

समय के साथ विरह मेरे लिए केवल बिछड़ना नहीं रहा। वह एक शांत यात्रा बन गया, भीतर उतरती हुई एक कोमल रोशनी की तरह। इसी यात्रा में मैंने जाना कि प्रेम समाप्त नहीं होता। वह बस अपने रूप बदलता है और अधिक सूक्ष्म, अधिक गहरा हो जाता है। इन 21 कविताओं में मैंने कई बार अपने आप से बात की है, राहुल से बात की है और उस अदृश्य उपस्थिति से भी, जिसे हम ईश्वर कहते हैं। कुछ संवाद पीड़ा से भरे थे, कुछ भीगे हुए थे, कुछ बिल्कुल मौन थे। और कुछ ऐसे थे जिन्होंने मेरे भीतर एक नया दरवाज़ा खोल दिया, एक ऐसा स्थान जहाँ स्मृति, विरह और शांति एक साथ रहने लगते हैं।

यह पुस्तक केवल मेरी नहीं है। यह मेरी आत्मा की प्रतिध्वनि है। राहुल का जाना अंत नहीं था। वही मेरी जागृति की शुरुआत बन गया।

यदि इन पंक्तियों में आपको अपने भीतर का कोई कोना दिखाई दे, कोई पुरानी स्मृति छू जाए, या कोई ऐसी भावना जागे जो लंबे समय

से अनकही रह गई हो, तो समझूँगी कि यह यात्रा अपने उद्देश्य तक पहुँच गई।

श्वेता केलकर

Acknowledgements

उन सभी हृदयों को,
जिन्होंने मेरे टूटे हुए शब्दों को धैर्य और संवेदनशीलता के साथ सुना। आपका धन्यवाद।

मेरे अपने लोगों को,
जिन्होंने मेरे मौन को समझा और मेरे भीतर उठते तूफ़ान को बिना किसी प्रश्न के थामे रखा। आपका आभार।

उन मित्रों को,
जिन्होंने मुझे मेरे ही दर्द में डूबने से बचाया और बार बार यह स्मरण कराया कि प्रेम कभी खोता नहीं, वह केवल अपना रूप बदलता है।

उन सभी पाठकों को,
जो इन कविताओं में अपने ही मन की कोई परछाईं पाएँगे। आप ही इस पुस्तक की वास्तविक श्वास हैं, और आपका अनुभव ही इसे पूर्णता देगा।

और अंत में उसे,
जो अब मेरे साथ नहीं है, फिर भी मेरी हर कविता का पहला श्वेत अक्षर उसी से जन्म लेता है। इस पूरी यात्रा की प्रेरणा होने के लिए उसे मेरी आत्मा का गहरा प्रणाम।

1. स्तब्धता – The Stillness That Shakes

स्तब्धता कभी
धड़ाम से नहीं गिरती...
वह तो धीरे-धीरे
हमारे भीतर उतरती है...
बिना कोई शोर किए,
जैसे कोई दर्द
अपना कमरा चुपचाप चुन ले।

ज़िंदगी में कई बार
ऐसा आघात आता है
जो बाहर से दिखता नहीं,
पर भीतर
सब कुछ अपनी जगह से खिसका देता है।

उस एक पल में
मन के किसी कोने से
एक लंबी, कच्ची चीख उठती है...
पर वह आवाज़
गले तक पहुँच ही नहीं पाती।
क्योंकि आजकल
रोने से पहले
बहुत कुछ सोचना पड़ता है।

कंधों पर
इतनी सारी ज़िम्मेदारियाँ टंगी होती हैं
कि दुख भी
अपने हिस्से की जगह
माँगने में हिचकिचाता है।

घर चलाना है,
लोगों को जवाब देना है,
खुद को संभालकर दिखाना है...
तो चीख
अपने आप
मौन में बदल जाती है।

मैं चुप हो जाती हूँ...
दर्द कम होने की वजह से नहीं,
बल्कि इसलिए
कि उसे कह देने का
समय ही नहीं मिलता।

सब कुछ चलता रहता है...
घड़ियाँ, मोबाइल, दिन, लोग...
बस मैं
अपने भीतर कहीं
रुक जाती हूँ।

उस ठहराव में
मैं खुद को

अपने ही जीवन की किनारी पर बैठी पाती हूँ...
हाथ में फोन है,
स्क्रीन चमकती है,
पर भीतर
कोई सूचना नहीं बजती।

दुनिया
अपनी रफ़्तार में चलती रहती है...
मीटिंग्स, मुस्कुराहटें,
हल्के-से हाल-चाल,
और फिर सब आगे बढ़ जाते हैं।
और मैं
हर जवाब के साथ
अपने सच को
थोड़ा-थोड़ा
और भीतर धकेलती जाती हूँ।

धीरे-धीरे
स्तब्धता
किसी आँसू का नाम नहीं रहती...
यह एक आदत बन जाती है।
समय पर उठने की,
ठीक से बोलने की,
मजबूत दिखने की।

यह दुख का जाना नहीं,
बस उसका

सलीके से व्यवस्थित हो जाना है।

जहाँ आँसू
दिनचर्या में बदल जाते हैं,
और मौन
लाचारी की जगह
एक शांत-सा समझौता बन जाता है।

तब समझ आता है...
कुछ टूटनें
आवाज़ नहीं माँगतीं,
वे बस
चुपचाप
जी ली जाती हैं।

2. अस्वीकार – The Heart Refuses to Hear

कई बार मैंने खुद से ही कहा,
"ऐसा नहीं हो सकता...
ऐसा सच नहीं हो सकता।"
पर हर बार
मेरी ही आवाज़
थोड़ी और धीमी पड़ गई...
जैसे वह भी
सच से नज़र चुराना चाहती हो।

अस्वीकार
कोई धोखा नहीं है,
वह तो मन का
एक छोटा-सा आसरा है...
जहाँ वह
थोड़ी देर को टिक सके,
ढहने से
बस एक क्षण और बच सके।

कभी-कभी
मैं तुम्हारी तस्वीर को देखती हूँ
और भीतर से पूछ लेती हूँ,
"तुम हो न... कहीं?"
और वही तस्वीर,

वही सन्नाटा...
सबसे साफ़
सबसे निर्मम
'नहीं' कह जाता है।

इस 'नहीं' में
दर्द से ज़्यादा
एक खालीपन है,
जिसे छूने की
हिम्मत भी
हर बार नहीं जुटा पाती।

मैं अक्सर रातों में
खुद से ही बहस करती हूँ...
कहती हूँ,
"देखो, सब कुछ वैसा ही है।"
पर भीतर कहीं
एक गहरा सन्नाटा
हक़ीक़त को
धीरे-धीरे उघाड़ता रहता है।

अस्वीकार
मेरी हथेली पर रखा
आख़िरी काँपता सहारा है...
जिसे कसकर पकड़ने पर भी
वह सरक जाता है
और मन

थोड़ी देर और
सच से दूर हो लेता है।

3. पुकार – The Call That Echoes Inside

पुकार

अब वैसी नहीं रही
जो गले से निकलकर
किसी तक पहुँचने की जिद करे।
यह वह पुकार है
जो उठती तो है,
पर हर बार
आदत बनकर
ठहर जाती है।

सुबह की पहली चाय में
अब स्वाद से ज़्यादा
याद घुलती है...
कप वही, हाथ वही,
सब कुछ अपनी जगह...
बस किसी को आवाज़ देने की
ज़रूरत नहीं बची।

ऑफ़िस जाते वक्त
रूमाल, घड़ी, मोबाइल...
सब बटोर लेती हूँ।
पर भीतर

कभी-कभी कुछ छूट जाता है,
और वही छूटा हुआ हिस्सा
तुम बनकर उभर आता है।

रात की सैर में
कदम चलते रहते हैं,
मन रुककर
तुमसे बहस करता रहता है...
बुलाऊँ?
क्यों बुलाऊँ?
और बुलाया भी तो
क्या बदल जाएगा?

याद और स्वीकार
इसी खिंचाव में टिके हैं,
नाम होंठों तक आता है
पर आवाज़ नहीं बनता।
अब पुकार
आवाज़ माँगती ही नहीं...
वह तो मौन में रहने की
रीति सीख चुकी है।

यह विषाद नहीं,
बस एक थकी हुई शांत ठहरन है
जो मुस्कुराहट में
धीरे से छिप जाती है।

कभी तुम
अनायास ज़ेहन में आ जाते हो...
तब समझ आता है,
कुछ पुकारें
सुनने के लिए नहीं होतीं,
वे तो ज़िंदगी में
धीरे-धीरे घुल जाने के लिए होती हैं।

और तब
वह पुकार
दर्द भी नहीं लगती...
बस एक पुरानी
पर ज़रूरी
आदत की तरह
साथ चलती रहती है।

4. संवाद – Conversations With the Unseen

कुछ रातें ऐसी उतरती हैं
जिनमें नींद
दरवाज़े पर ही लौट जाती है,
और मैं
तुम्हारी याद के साथ
बैठ जाती हूँ...
बिलकुल वैसे ही
जैसे हम किसी बात का
अंत नहीं,
सिर्फ ठहराव ढूँढा करते थे।

इन घंटों में
मैं तुमसे बात नहीं करती...
मैं बस
अपने भीतर के एक कोने को
तुम जैसा बना लेती हूँ।

कोई फोटो नहीं,
कोई याद का सामान नहीं...
बस एक खालीपन,
जो आजकल
तुम्हारे अस्तित्व से ज्यादा
सच लगता है।

कभी पूछती हूँ...
“क्या सच में ख़त्म हो गया सब?”
और तुम,
या शायद मेरा ही मन,
कहता है...
“ख़त्म तो वही होता है
जिससे उम्मीद बची न हो...
तुम्हारे पास तो अभी भी
इतने सवाल हैं।”

फिर मैं हँस देती हूँ...
थोड़ा अपने पर,
थोड़ा तुम पर।
ये वही हँसी है
जो कभी हमारी बैठकों के बीच
बिना वजह फूट जाती थी।

मैं अपनी हथेलियों पर
रात का ताप महसूस करती हूँ...
जैसे कोई अनुपस्थित हाथ
अब भी
आखिरी स्पर्श निभा रहा हो।
तुम नहीं हो,
पर खोना
अंत नहीं होता...
वह एक ऐसी परछाईं बन जाता है

जो दीवारों पर नहीं,
दिल के भीतर चलती है।

कभी मैं तुम्हें मन ही मन
डाँटती हूँ...
कि तुमने मेरी दुनिया
इतनी आसानी से
क्यों छोड़ दी।
फिर अगले ही पल
तुम्हें
बहुत हल्के से माफ़ कर देती हूँ...
क्योंकि तुमसे नाराज़ होना
मुझे
और भी अकेला कर देता है।
तुम्हारी चुप्पी
अब मेरे जीवन का
एक व्यवस्थित हिस्सा है।

तुमसे मेरे ये **संवाद**
कभी पूरे नहीं होते।
न तुम बोलते हो,
न मैं रुकती हूँ।
हम बस
एक-दूसरे के बीच
वो शांत जगह बनाते हैं
जिसमें टूटना भी
थोड़ा आसान होता है।

कभी-कभी
तुम इतनी साफ़ दिखते हो
कि लगता है
अभी छू लूँगी तुम्हें...
पर मैं जानती हूँ,
वो सब मेरे भीतर
जमा हुई आदतें हैं,
तुम नहीं।

भोर के ठीक पहले
जब आसमान
गहरा नीला होता है,
मैं तुम्हें
आखिरी बार पुकारती हूँ...
नाम लेकर नहीं,
बस
एक भावना की तरह।

और उस क्षण
मुझे एहसास होता है...
तुम मेरे जीवन में
लौटने वाली आवाज़ नहीं,
बल्कि
धीरे-धीरे
मेरे भीतर
ठहर जाने वाला

एक मौन हो।

एक ऐसा मौन
जो दुख नहीं देता,
पर
मुझे रोज़
थोड़ा-थोड़ा
बदल देता है ।

5. स्मृति – The Rooms Where You Still Live

स्मृतियाँ

तस्वीरें नहीं होतीं...
वे कमरे होती हैं।
दरवाज़े आधे खुले,
रोशनी आधी बिखरी,
और भीतर
एक हल्की-सी आहट
जो बताती है...
कोई अभी गया नहीं है।

उन कमरों में
तुम्हारी हँसी की एक धुन टंगी रहती है,
जैसे किसी तार पर
धूप की आखिरी किरण अटकी हो।

तुम्हारा यूँ चलते आना,
बिना कुछ कहे
मेरी तरफ
हल्का-सा मुड़ जाना...
सब कुछ
अब भी वहीं रखा है,
जैसे तुमने कहा हो...
“इसको मत छूना,

ये मेरा है।”

स्मृतियाँ
बीतती नहीं हैं,
वे बस
हमारी साँसों में
अपनी जगह बना लेती हैं।

कभी-कभी
मैं उस कमरे की दहलीज़ पर
थोड़ी देर बैठ जाती हूँ...
न भीतर जाती हूँ,
न बाहर निकल पाती हूँ।
सिर्फ
एक परिचित-सी उपस्थिति
अपने आसपास महसूस करती हूँ...
जैसे हवा में
तुम्हारे कदमों का स्वर
धीमे-धीमे
अब भी गूँज रहा हो।

कहते हैं
समय सब ठीक कर देता है...
पर मैं जानती हूँ,
कुछ चीज़ें
ठीक नहीं होतीं,
बस

हमारे भीतर
चुपचाप सज जाती हैं
जैसे कोई पुराना कागज़
जिस पर लिखा शब्द
मिटता नहीं,
सिर्फ हल्का पड़ता है।

स्मृति दरअसल
बीता हुआ नहीं...
वह एक अनोखा वर्तमान है,
जो लौटकर नहीं आता
पर जाने भी नहीं देता।

और कभी-कभी,,,
जब मैं आँखें बंद करती हूँ,
तो महसूस होता है
कि उन कमरों में
अब भी
तुम्हारी धड़कनों की
एक आखिरी गर्माहट
ज़िंदा है...
उतनी ही सच्ची,
उतनी ही अधूरी,
उतनी ही मेरी।

6. समर्पण – Letting Go Without Losing

कभी-कभी
प्रेम को बचाए रखने के लिए
उसे मुक्त करना पड़ता है।

जितना कसकर थामा,
उतना ही वह
मेरी उँगलियों के बीच
धूप की तरह फिसलता गया।
तब समझ में आया...
प्रेम को मुट्ठी नहीं,
आकाश चाहिए।

तुम्हें जाने देना
मेरे लिए खोना नहीं था,
बल्कि अपने भीतर
एक बड़ा दरवाज़ा खोलना था।

तुम गए...
पर तुम्हारा जाना
रिक्तता नहीं लाया,
एक गहरा विस्तार लाया।
जैसे समुद्र
एक लहर के लौट जाने पर

और गहरा हो जाता है।

मैंने तुम्हें रोका नहीं,
क्योंकि प्रेम
रास्ते नहीं रोकता।
वह बस
पलकों की भीतरी सतह पर
एक उजली छाया छोड़ देता है,
जो हर सुबह
साँस के साथ उठती है
और हर रात
धड़कनों में उतर जाती है।

तुम्हारे बिना।
मैंने तुम्हें
और अधिक पाया।
तुम अब
मेरे पास होने की शर्त से मुक्त हो...
तुम हवा में हो,
आकाश की नीलिमा में,
उन शब्दों के बीच
जो लिखते समय काँपते नहीं।

समर्पण
हार नहीं है...
यह वह क्षण है
जब प्रेम

अपना दावा वापस ले लेता है,
पर अपना होना नहीं।

मैंने तुम्हें इसलिए छोड़ा
कि तुम्हारे कदम
मेरे भय का भार न उठाएँ।
तुम अपनी दिशा में
पूर्ण रहो...
और मैं
तुम्हारी अनुपस्थिति में भी
तुम्हारी शांति बन सकूँ।

अब मेरा प्रेम
तुम्हारे साथ रहने की ज़िद नहीं करता।
वह बस
तुम्हारे लिए
प्रार्थना की तरह फैलता है...
निर्व्याज,
निस्पृह,
पर पहले से कहीं अधिक गहरा।

तुम जहाँ भी हो,
मेरे भीतर का एक कोना
वहीं खुल जाता है।
बिना शोर,
बिना अपेक्षा...
सिर्फ़ एक उजाला बनकर।

थोड़ा खोकर,
बहुत कुछ पा लेने जैसा...
यही समर्पण है।

तुम्हें जाने देना
तुम्हें मिटाना नहीं था,
तुम्हें,
अपने भीतर,
और स्थायी बना लेना था।

प्रेम जब परिपक्व होता है,
वह साथ नहीं माँगता...
वह विस्तार माँगता है।

और मैंने
तुम्हें
अपने सबसे बड़े विस्तार में रख लिया है।

7. प्रवाह – Becoming the River You Once Feared

तुम
एक पुल बनाकर गए थे...
स्थिर, शांत, अडिग।

मैंने
ठहरने की जगह
बहना चुना।
धीमे, निर्विकार,
अपनी ही लय में।

अब डर नहीं लगता।
क्योंकि,
तुम
एक दिशा देकर गए थे..
नदी की ठंडी गहराई में,
आकाश की गर्म रोशनी में।

मैंने
ठहरना भी सीखा,
बहना भी।
कभी पानी की तरह
धीमे उतरती हूँ,
कभी पंखों की तरह

तेज़ हवा में उठ जाती हूँ।

वे पंख...
जो तुमने हल्के-से दिए थे...
अब मेरे बहाव में
तुम्हारी याद और मेरी हिम्मत
दोनों समेटते हैं।

जीवन
कठिनाइयाँ फेंकता है,
सन्नाटों की छाया में
और धूप की चुभन में।
फिर भी मैं
अपनी ही लय में
उड़ती भी हूँ,
बहती भी हूँ।

साहस
और **प्रवाह...**
धूप और छाँव की तरह,
ठंड और गर्मी की तरह,
ऊपर और नीचे की तरह...
सब एक साथ
मेरे भीतर रहते हैं।

तुम नहीं दिखते।
फिर भी मेरा बहाव

हर मोड़ पर
तुम्हारी ओर ही मुड़ जाता है...
जैसे नदी
अपने अंजान समुद्र को
पहचान लेती है।

मैं थाम नहीं सकती,
मैं रोक नहीं सकती।
मैं बस...
तुम्हारे साथ हूँ।

8. सुबह – When Light Learns Your Name Again

सुबह
अंधेरे को खिसकाकर नहीं आती...
वह धीरे-धीरे
मन के दरवाज़ों में फैलती है,
जैसे कोई नई रोशनी
पुरानी यादों और ताजगी के बीच फूट रही हो।

धूप
पहले कमरे में फैलती है...
फर्श पर चमकती हल्की धूप,
फिर दिल की कोरों में घुलती है...
जहाँ उम्मीदें अभी भी नींद से जाग रही हैं।

मैं देखती हूँ
चाय की भाप में लुके-छिपे सूरज के टुकड़े,
खिड़की पर ठंडी हवा और
सुनहरी किरणों का खेल।

और मैं समझती हूँ...
हर नई सुबह
सिर्फ रोशनी नहीं लाती,
बल्कि नई जद्दोजहद,
तुम्हारे बिना जीने की कोशिश,

और खुद को फिर से जोड़ने का साहस भी लाती है।

वह दिन
ताज़ा है, कुछ अधूरा और कुछ पूरा,
भारी और हल्का,
अचानक ठंडी हवा में मुस्कान की तरह,
और फिर
धूप में चमकती उम्मीद की तरह।

नई शुरुआतें
शोर से नहीं,
सिर्फ छोटे-छोटे बहते लम्हों से होती हैं–
जिनमें दिल भरता है,
और मन धीरे-धीरे
फिर से उड़ना सीखता है।

9. दोपहर – The Heat of Unfinished Questions

दोपहर
थकान की नहीं...
यह टकराव की घड़ी है।
सवाल
अपनी पूरी गर्मी में
सन्नाटों के बीच खड़े हैं,
जैसे अनकहे शब्द,
जो हवा में तैरते रहते हैं
पर कभी जमीन नहीं छूते।

मैं
छाँव ढूँढ़ती हूँ...
खिड़की पर,
पौधों की ठंडी पत्तियों में,
फर्श पर गिरती हल्की रोशनी में।
और पाती हूँ...
छाँव कभी बाहर नहीं होती,
वह हमेशा
मेरे भीतर की जलती आग में छुपी रहती है।

गर्मी
और सवाल,
उजाले और छाया...

सब एक साथ
मेरे भीतर रहते हैं।
हर टकराव
मेरे दिल की दीवारों से
मुलायम छाया की ओर लुढ़कता है।

मैं सांस लेती हूँ,
धीरे-धीरे,
जैसे गर्म हवा में भी
छोटे-छोटे फुर्सत के क्षण
हल्के बादलों की तरह बह रहे हों।

इस दोपहर में
हर अधूरा सवाल
मुझे खुद से मिलाता है,
हर टकराव
एक नई खोज की तरह चमकता है।
और मैं
थोड़ी घबराहट, थोड़ी राहत,
सबको साथ लिए
अपने भीतर बहती हूँ।

10. सांझ – The Hour of Soft Confessions

सांझ

दिन के माथे पर
हल्की-सी थकान रखती है,
और धीरे-धीरे कहती है...
"अब सच बोलने का समय है।"

मैं महसूस करती हूँ
वो खाली गलियाँ,
वो अधूरे सवाल,
जो तुम्हारे बिना भी
गुज़रने ही थे।

सांझ
मन का आईना है...
जहाँ रोशनी और अंधेरा
एक साथ बैठते हैं,
धीरे-धीरे समझौता करते हैं।

धूप की आखिरी किरण
खिड़की पर पसरती है,
और मेरे भीतर की हल्की आग को
हल्की-सी गर्मी देती है।
छाँव

कुछ पल ठंडी राहत में बदलती है,
कुछ पल यादों के परछाई बनकर
दीवारों पर झूलती है।

सांझ की हवा
मौन में बहती है,
धीमे-धीमे सारे दिन की उलझनों को
एक क्रम में रखती है।
हर छोटी-छोटी चुप्पी
मुझे खुद से मिलाती है,
और हर हल्की थकान
मेरे भीतर छुपे साहस और हिम्मत को जगाती है।

सांझ
बस रोशनी और अंधेरे का मिलन नहीं,
यह एक **अंतहीन विरोधाभास** है...
गर्मी और ठंडक,
सन्नाटा और हलचल,
शांति और हल्की बेचैनी...
सब एक साथ
मेरे भीतर बहते हैं,
एक नई रचना बनाते हुए।

11. शाम – Where Shadows Learn to Rest

शाम

दिन का अंत नहीं,
एक विराम है...
जहाँ थकान
उँगलियों से उतरकर
धीरे-धीरे
मन की गहराइयों में घुल जाती है।

पक्षियों की कतारें
आसमान में बिखरी हुई,
याद दिलाती हैं...
कि लौटना
कमज़ोरी नहीं,
बल्कि अपनी जगह
पहचानने का साहस है।

छाँव फैलती है
फर्श पर, दीवारों पर,
धीमे-धीमे अंदर तक उतरती है,
जैसे दिन की गर्मी
धीरे-धीरे ठंडी हो रही हो।

सांझ की हल्की हवा

पुराने शब्दों और यादों को
फिर से सजाती है...
कभी हल्की ठंडक,
कभी सुनहरी धूप की झिलमिलाहट।

गर्मी और ठंडक,
हलचल और सन्नाटा,
रौशनी और छाया...
सभी एक साथ
मेरे भीतर बहते हैं,
जैसे दिन और रात
एक नए संवाद में मिल रहे हों।

शाम
बस अंधेरे का स्वागत नहीं,
यह **सतत संग्राम** है–
थकान और राहत,
पुरानी जद्दोजहद और नई उम्मीद,
सब एक साथ
मेरे भीतर बहते हैं,
और मुझे बतलाते हैं
कि विराम भी
नई ऊर्जा की शुरुआत हो सकता है।

12. रात – The Silence That Holds You Gently

रात
अंधेरा नहीं लाती...
वह बस
दिन की रोशनियों को
धीरे-धीरे समेटती है,
और चादर की तरह फैलती है
सपनों की नगरी में।

निशब्दता में
मैं तुम्हें सबसे पास पाती हूँ।
यह चोट नहीं देती...
मरहम बनकर आती है,
सुखद विराम,
जहाँ जीवन
कुछ पल के लिए
बस मेरा हो जाता है।

हम और हमारी बातें,
हल्की हलचल,
सब धीमे-धीमे थम जाती है।
आँखें खुली या बंद,
सब वैसा ही चलता है...
जैसे समय ने

कुछ पल के लिए
हमारे लिए रुक दिया हो।

चांदनी
हमारी छोटी दुनिया को छूती है,
सब कुछ हल्का, सहज,
बस हमारे जैसा बहता है...
थोड़ी देर के लिए
सब मेरे हिसाब से,
तुम जैसे चाहिए।

13. उनींदी पहर – Half-Dreams, Half-Remembering

नींद
टूटी रहती है,
सपने अधूरे।

इन पहरों में
यादें धीरे-धीरे चलती हैं...
जैसे कोई पुराना कमरा
और उसके कोनों में छुपी
कदमों की आहट।

हर छोटी आवाज़
कुछ पल के लिए
मेरे भीतर उतरती है,
और भीतर की खामोशी
थोड़ी हल्की हो जाती है।

यही पहर
सबसे ईमानदार होते हैं...
जहाँ समय ठहरता है,
वहां सिर्फ मैं और मेरी यादें
साथ चलती हैं।

नींद और जागरण के बीच

सपनों का अधूरापन
और यादों की हल्की चमक
एक साथ बहते हैं...
धीमे, मौन,
जैसे जीवन खुद से बात कर रहा हो।

14. भोर – The Sky That Forgives Everything

भोर
सब कुछ माफ़ कर देती है...
रात की थकान,
दिल की उलझन,
बीते दिनों की भूलें,
और उन लम्हों की खामोशी,
जहाँ मैं तुम्हें और शायद
खुद को भी समझ नहीं पाई थी।

आकाश
धीमे-धीमे हल्का होता है,
और मैं भी।
हर सांस में
बीती पीड़ा की गूँज
धीमी पड़ जाती है,
जैसे सूर्य की पहली किरण
सब कुछ अपने भीतर समेट लेती हो।

भोर
एक धीमी स्वीकृति है...
कि आज फिर
जीना है।
और मैं

अपने टूटते हुए और जुड़े हुए
स्वाश को
धीरे-धीरे
स्वीकारती हूँ।

यह भार
सिर्फ दिन की शुरुआत नहीं,
बल्कि **हर ग़म और विरह की हल्की राहत** भी है...
जहाँ मैं थोड़ी देर के लिए
खुद की, तुम्हारी,
और हमारे बीच की शांति महसूस करती हूँ।

15. अन्वेषा – The Search That Begins Within

हर खोज
बाहर से शुरू होती है...
सड़कों की धूल में,
शहर की हलचल में,
लोगों की परछाइयों में।

फिर धीरे-धीरे
वह भीतर आ जाती है...
मेरे भीतर की खामोशी में,
जहाँ सिर्फ सांस और दिल की धड़कन
मेरे सवालों को सुनते हैं।

अन्वेषा
किसी उत्तर का नाम नहीं...
यह वह क्षण है
जहाँ प्रश्न
दर्द नहीं,
बल्कि दिशा बन जाते हैं।

हर सवाल
मुझे मेरे टूटे हुए हिस्सों तक ले जाता है,
और मैं पाती हूँ...
कि खोज का असली अर्थ

पाना नहीं,
बस समझना और स्वीकारना है।

और उस समझ में
एक हल्की रोशनी फैलती है,
धीमी, मौन,
जैसे अंदर ही अंदर
मेरा भीतर का रास्ता
खुद को खोलता जा रहा हो।

16. अविरा – The Stream That Never Stops

मैंने सीखा...
कि भावनाएँ
कभी समाप्त नहीं होतीं।
वे
थकती हैं,
रुकती हैं,
और फिर
नए रूप में
खुद को याद दिलाती हैं।

दुख
कभी आँसू बनता है,
कभी मौन।
स्मृति
कभी बोझ होती है,
कभी सहारा।

अविरा...
वह धारा है
जो भीतर बहती रहती है,
चाहे
किनारे बदल जाएँ,
नाम बदल जाएँ,

या बहाव
कुछ देर को
अदृश्य हो जाए।

मैं अब
रोकने की कोशिश नहीं करती।
न बाँध बनाती हूँ,
न दिशा बदलती हूँ।

मैं बस
बहने देती हूँ...
क्योंकि मैंने समझ लिया है
कि जो बहता रहता है,
वही
जीवित रहता है।

17. रहस्य–सूत्र – Threads of What We Don't Say

कुछ बातें
कभी
आवाज़ नहीं पातीं।
वे
गले में अटककर नहीं,
हथेलियों में
धागे बनकर
रह जाती हैं।

सालों तक
हम उन्हें
अनजाने
लपेटे रहते हैं...
मन की उँगलियों पर,
याद की कलाई पर,
और हर उस पल में
जहाँ
कुछ कहने से
ज़्यादा
समेट लेना ज़रूरी होता है।

रहस्य–सूत्र
किसी राज़ का नाम नहीं...

यह
उन सब बातों की
सिलाई है
जो टूटकर भी
फेंकी नहीं गईं।

मैं
यादों के कचरे में
कबाड़ी की तरह
झुकती हूँ–
जहाँ लोग
चलते-चलते
अपनी अधूरी बातें
छोड़ जाते हैं।

टूटी हँसी के टुकड़े,
फटी खामोशियाँ,
अधपके वाक्य,
और वे सपने
जिन पर अब भी
उँगलिगों के
निशान बचे हैं...
मैं उन्हें
धीरे से उठाती हूँ,
बिना सवाल किए।

कुछ गमगीन दोपहरें

मिलती हैं...
जिनका स्वाद
पूरा चखा नहीं गया।
मैं उनकी कड़वाहट
पढ़ लेती हूँ,
कि किस मौसम ने
किस दिल को
अचानक
ठंडा कर दिया था।

और वह
सूखी धूप...
जो कभी
किसी उम्मीद पर
नहीं चढ़ पाई,
मैं उसे भी
अपनी जेब में
चुपचाप रख लेती हूँ।
धूप
यहाँ
गरमी नहीं,
स्मृति बन जाती है।
रहस्य–सूत्र
भूलने की कला नहीं...
यह
याद रखने का
साहस है।

यह मान लेना
कि जो कहा नहीं गया,
वह भी
जीवन का हिस्सा था।
और शायद...
सबसे सच्चा।

18. प्रतिध्वनि – Echoes That Lead You Home

अब
तुम्हारी आवाज़
कानों तक नहीं आती...
वह
मेरे निर्णयों में
बसती है।

जब मैं
रुकती हूँ,
संशय से
दो क़दम पीछे हटती हूँ,
तभी
एक अनकही ध्वनि
मेरे भीतर
रास्ता खोल देती है।

तुम
मेरे साथ नहीं चलते...
तुम
मेरे भीतर
चलना सिखा गए हो।

मैं जो चुनती हूँ,

जिस साहस से
डर को
नाम देती हूँ,
और फिर
उसके आगे बढ़ती हूँ...
उस हर क्षण में
तुम्हारा
अक्स
झिलमिला उठता है।

कुछ लोग
जीवन में
यात्रा के लिए नहीं आते।
वे
सीख बनकर आते हैं।

वे
ठहरते नहीं,
उत्तर नहीं देते,
बस
अपनी उपस्थिति से
एक रास्ता छोड़ जाते हैं...
जहाँ से
हम आगे बढ़ पाते हैं।
तुम
वैसा ही
एक रास्ता थे।

मैंने
तुम्हें पकड़े नहीं रखा।
मैंने
तुम्हारी दी हुई दिशा को
अपना लिया।

कभी
विश्वास लड़खड़ाया,
कभी
डर ने आवाज़ उठाई।
और उन्हीं पलों में
प्रेम
सबसे निर्मल था...
जब मैंने
नियंत्रण छोड़ दिया।

आज
पीछे देखती हूँ
तो
तुम नहीं दिखाई देते...
बस
मेरे क़दम
ज़्यादा निश्चित हैं।

हर साँस में
एक धीमी स्पष्टता है,

और उसी स्पष्टता में
तुम
अब भी
मौजूद हो।

यही
प्रतिध्वनि है...
जो
आवाज़ नहीं,
दिशा बन जाती है।

19. अलिखित – The Words That Write You Back

कुछ शब्द
कभी
काग़ज़ तक नहीं आते।
वे
स्याही से नहीं,
धड़कनों से
लिखे जाते हैं।

मैं उन्हें
कहना चाहती हूँ,
पर वे
आवाज़ नहीं माँगते...
वे बस
रुककर
महसूस किए जाना चाहते हैं।

अलिखित
मेरे भीतर
वह जगह है
जहाँ
हर वाक्य
अधूरा रहना
चुनता है।

क्योंकि
जो पूरा लिखा जाए,
वह
शायद
खो भी सकता है।

तुम
वहाँ हो...
हर उस पंक्ति में
जो शुरू होकर
कभी खत्म नहीं होती।

नए पन्ने हैं,
नई स्याही है,
पर हाथ
अब भी
संकोच से भरा है...
जैसे
कुछ लिखते ही
तुम
बहुत स्पष्ट
हो जाओगे।

और मैं जानती हूँ...
कुछ प्रेम
स्पष्ट होने के लिए नहीं,

साथ रहने के लिए होते हैं।

अलिखित
इसलिए
कभी बदलेगा नहीं।
क्योंकि
जिसे
शब्दों ने नहीं रचा,
उसे
समय भी
मिटा नहीं सकता।

20. उन्मेष – The Moment You Bloom Again

सिलहन पड़ते ही
 सूखे दरख़्त की दरारों में
 कोई नन्ही ऋतु
 धीरे से
 जाग उठती है।

वहीं
 छोटे-छोटे जीव,
 अनजानी महकें
 अपना पहला श्वास लेता है...

जैसे
 किसी भूली हुई गली में
 बचपन
 अचानक
 फिर से
 झूला झूलने लगे।

यही है
उन्मेष...

फूलों से भर जाना नहीं,
 बल्कि

भीतर चुपचाप
पहचान लेना
कि तुम अभी भी जीवित हो।

मैं
हर बार
नए रूप में
खुद तक लौटती हूँ...

थोड़ी टूटी,
थोड़ी और गहरी,
थोड़ी अधिक सच।

जीवन
मुझसे
बस एक ही अभ्यास करवाता है...

कुछ खोना,
फिर
कुछ उगाना।

दुख
मिटता नहीं,
वह मिट्टी बन जाता है।

और उसी मिट्टी से
मैं

हर बार
फिर से
चलना सीखती हूँ।

प्रेम
मुझे बिखेरता नहीं...
वह खोल देता है।

मेरे भीतर
जो बंद था,
वही
एक दिन
खिलने लगता है।

और तब समझ आता है...
उन्मेष
शोर नहीं करता।
वह
दरारों में जन्म लेता है।

और मैं
दरारों से डरना छोड़कर
उन्हें ही
अपना आकाश
मान लेती हूँ।

21. अभय – Fearlessness, Finally

डर
अब भी मेरे आसपास रहता है ...
पर अब
वह मेरा नाम नहीं जानता।

वह मेरे दरवाज़े तक आता है,
मेरी धड़कनों को छूता है,
फिर मेरी शांत आँखों से
ठिठक कर लौट जाता है।

अभय
डर के पार चले जाना नहीं है।
अभय
डर के साथ चलते हुए भी
अपनी दिशा न खोना है।

मेरे भीतर
जो टूटन थी,
वह अब शोर नहीं करती।
वह एक गहरा कक्ष बन गई है...
जहाँ पीड़ा ने
अपना सिर रखकर विश्राम करना सीख लिया है।

टूटे हुए दिल
जब अपने घावों को
भागना बंद कर देते हैं,
तब वहाँ
कुछ अनकहे शब्द
धीरे-धीरे साँस लेने लगते हैं।

वे बाहर आने की जिद नहीं करते।
वे भीतर ही
एक नई भाषा रचते हैं।
और उसी भाषा में
मैंने फिर से स्वयं को पुकारना सीखा है।

अब
अकेलापन मुझे खाली नहीं करता।
क्योंकि जहाँ भी जाती हूँ,
तुम किसी स्मृति की तरह नहीं...
एक शांत साहस की तरह
मेरे भीतर चलते हो।

हर साँस में कोई कहता है...

डर रहेगा।
अँधेरा भी रहेगा।
रातें लंबी होंगी।

पर अब

मैं अपनी रोशनी से मुँह नहीं मोड़ूँगी।

मैं काँपूँगी...
पर रुकूँगी नहीं।

मैं रोऊँगी...
पर बिखरूँगी नहीं।

क्योंकि अभय
निर्भय हो जाना नहीं है।
अभय
अपने भय का हाथ पकड़कर
उसके पार नहीं...
उसके साथ जीना है।

जो चला गया,
वह मेरी कमजोरी नहीं बना...
वह मेरी गहराई बन गया।

जो टूटा,
वह मेरी हार नहीं बना...
वह मेरी जड़ बन गया।

और जो शेष है...
वह मैं हूँ।
न छाया।
न प्रतीक्षा।

न अधूरापन।

मैं...
अपनी पूरी रोशनी में।
स्थिर।
सचेत।
अभय।

और अब
जब मैं यह पुस्तक बंद करती हूँ,
मैं डर से नहीं...
स्वयं से मिलती हूँ।

यही मेरा अंतिम शब्द है।
यही मेरा प्रारंभ।

मैं हूँ।
और यही मेरा अभय है।

www.ingramcontent.com/pod-product-compliance
Lightning Source LLC
Chambersburg PA
CBHW070645240926
51846CB00003BA/792
* 9 7 8 9 3 7 5 1 0 9 5 5 6 *